BEI GRIN MACHT SICH WISSEN BEZAHLT

- Wir veröffentlichen Ihre Hausarbeit, Bachelor- und Masterarbeit

- Ihr eigenes eBook und Buch - weltweit in allen wichtigen Shops

- Verdienen Sie an jedem Verkauf

Jetzt bei www.GRIN.com hochladen und kostenlos publizieren

Nikola Schulze

Narrativik im Detektivroman

Die Erzählerfiguren bei A. Christie und F. Glauser am Beispiel von "The Murder of Roger Ackroyd" und "Wachtmeister Studer"

GRIN Verlag

Bibliografische Information der Deutschen Nationalbibliothek:

Die Deutsche Bibliothek verzeichnet diese Publikation in der Deutschen Nationalbibliografie; detaillierte bibliografische Daten sind im Internet über http://dnb.d-nb.de/ abrufbar.

Dieses Werk sowie alle darin enthaltenen einzelnen Beiträge und Abbildungen sind urheberrechtlich geschützt. Jede Verwertung, die nicht ausdrücklich vom Urheberrechtsschutz zugelassen ist, bedarf der vorherigen Zustimmung des Verlages. Das gilt insbesondere für Vervielfältigungen, Bearbeitungen, Übersetzungen, Mikroverfilmungen, Auswertungen durch Datenbanken und für die Einspeicherung und Verarbeitung in elektronische Systeme. Alle Rechte, auch die des auszugsweisen Nachdrucks, der fotomechanischen Wiedergabe (einschließlich Mikrokopie) sowie der Auswertung durch Datenbanken oder ähnliche Einrichtungen, vorbehalten.

Impressum:

Copyright © 2004 GRIN Verlag GmbH
Druck und Bindung: Books on Demand GmbH, Norderstedt Germany
ISBN: 978-3-640-82209-6

Dieses Buch bei GRIN:

http://www.grin.com/de/e-book/166206/narrativik-im-detektivroman

GRIN - Your knowledge has value

Der GRIN Verlag publiziert seit 1998 wissenschaftliche Arbeiten von Studenten, Hochschullehrern und anderen Akademikern als eBook und gedrucktes Buch. Die Verlagswebsite www.grin.com ist die ideale Plattform zur Veröffentlichung von Hausarbeiten, Abschlussarbeiten, wissenschaftlichen Aufsätzen, Dissertationen und Fachbüchern.

Besuchen Sie uns im Internet:

http://www.grin.com/

http://www.facebook.com/grincom

http://www.twitter.com/grin_com

Narrativik im Detektivroman.
Die Erzählerfiguren bei A. Christie und F. Glauser am Beispiel von *The Murder of Roger Ackroyd* und *Wachtmeister Studer*

Schriftliche Hausarbeit
für die Bachelorprüfung der Fakultät für Philologie
an der Ruhr-Universität Bochum
(Gemeinsame Prüfungsordnung für das Bachelor/Master-Studium
im Rahmen des 2-Fach-Modells an der RUB vom 7.1.2002)

vorgelegt von

Holtkamp, Nikola

Abgabedatum: 15.09.2004

INHALTSVERZEICHNIS

1. **EINLEITUNG** 2
2. **DIE TYPISCHEN ERZÄHLERFIGUREN IM DETEKTIVROMAN** 4
   - 2.1. Allgemeines 4
   - 2.2. Der auktoriale Erzähler 7
   - 2.3. Der neutrale Erzähler 8
   - 2.4. Die Watson-Figur 9
   - 2.5. Die Täter-Perspektive 10
   - 2.6. Die Detektiv-Perspektive 11
   - 2.7. Die Opfer-Perspektive 11
   - 2.8. Die Multiperspektive 12
3. **DIE ERZÄHLERFIGUR IN *THE MURDER OF ROGER ACKROYD*** 13
   - 3.1. Die Watson-Figur 13
   - 3.2. Die Watson-Figur als Sonderfall 14
   - 3.3. Die Wirkung dieser Perspektive 17
4. **DIE ERZÄHLERFIGUR IN *WACHTMEISTER STUDER*** 19
   - 4.1. Der auktoriale Er-Erzähler 19
   - 4.2. Die Wirkung dieser Perspektive 21
5. **DER VERGLEICH DER ERZÄHLERFIGUREN** 24
   - 5.1. Ich- und Er-Erzähler 24
   - 5.2. Die Wirkung der unterschiedlichen Erzählperspektiven 25
6. **FAZIT** 28
7. **LITERATURVERZEICHNIS** 29

1. Einleitung

„Ein Kriminalroman ist nicht eine Geschichte von Opfer, Täter, Detektiv, Verdächtigen; das sind Materialien, mit denen er arbeitet. Ein Kriminalroman entsteht einzig durch die Art und Weise, wie er erzählt wird."[1]

Die Kriminalliteratur wird bei vielen Literaturwissenschaftlern immer noch als niedere Gattung bezeichnet, weil sie als nicht anspruchsvoll und trivial gilt und die Bedürfnisse der Massen befriedigt. Deshalb wird dieses Genre erst seit verhältnismäßig kurzer Zeit ernsthaft wissenschaftlich untersucht und auch eine einheitliche Definition des Begriffs steht noch immer aus.

In dieser Arbeit soll es darum gehen, die Erzählperspektiven zweier sehr unterschiedlicher Detektivromane gegenüberzustellen. Der bekanntere von Agatha Christie beinhaltet die am häufigsten auftretende Form des Erzählens im Detektivroman, die Perspektive der sogenannten Watson-Figur, betitelt nach dem gleichnamigen Freund und Helfer von Sherlock Holmes. Der unbekanntere von Friedrich Glauser zeigt eine ebenso vielseitige wie interessante Form des Erzählens anhand eines außerhalb des Geschehens stehenden Er-Erzählers. Ziel dieser Arbeit ist es, Gemeinsamkeiten und Unterschiede der Erzählweisen herauszustellen und ihre Wirkung auf den Leser zu erörtern.

Bei der Definition des Begriffs Detektivroman halte ich mich an Peter Nusser[2], da dessen Ausführungen mir schlüssig erscheinen. Das bedeutet, dass ich Kriminalliteratur bzw. Kriminalroman als Oberbegriff der Gattung sehe, der die Untergattungen Detektivroman und Thriller beinhaltet. In beiden Formen des Kriminalromans kann der Protagonist ein Amateur- oder Profi-Detektiv sein, jedoch ist der Detektivroman vom Thriller insofern zu unterscheiden, als dass dort der Schwerpunkt auf der Verfolgung des meist bekannten Täters liegt und nicht auf der Lösung eines Rätsels:

„Der **Detektivroman** bzw. die **Detektiverzählung** sind inhaltlich dadurch gekennzeichnet, daß sie die näheren Umstände eines geschehenen Verbrechens (fast ausschließlich des Mordes) im Dunkeln lassen und die vorrangig intellektuellen Bemühungen eines Detektivs darstellen, dieses Dunkel zu erhellen."[3]

---

[1] Zimmermann, Hans Dieter: Die schwierige Kunst des Kriminalromans. Zum Werk des Schweizers Friedrich Glauser. In: Germanisch Romanische Monatsschrift Neue Folge Band 28 (1978). S. 337-347. S. 338.
[2] Vgl. Nusser, Peter: Der Kriminalroman. 3., aktualisierte und erweiterte Auflage Stuttgart/Weimar: Metzler 2003. (= Sammlung Metzler 191). Kap. 1.1.1.
[3] Ebd. S. 2f.

Wenn im Folgenden also vom (klassischen) Detektivroman gesprochen wird, ist damit eine spezielle Art von Kriminalroman gemeint, in welchem die zentrale Gestalt ein Detektiv ist, der ein Verbrechen aufklärt. In der Forschungsliteratur wird dies auch häufig als „Whodunit" bezeichnet.[4]

> „Das Ziel des Erzählens ist rückwärts gerichtet, auf die Rekonstruktion des verbrecherischen Tatvorgangs, also einer bereits abgelaufenen Handlung, die dann am Schluß nach Überführung des Täters für den Leser meist kurz in chronologischer Folge zusammengefaßt wird."[5]

> „Dabei ist von zentraler Bedeutung, daß die Aufklärung durch den Detektiv nicht zu schnell vollzogen werden darf, damit genügend Spannung erzeugt werden kann. Erzählen heißt in diesem Fall vornehmlich Retardierung."[6]

Genauer könnte man einen Detektivroman in Aufklärungs- und Verbrechensgeschichte aufteilen.[7] Die Aufklärungsgeschichte wird in chronologischer Reihenfolge anhand der Aktivitäten des Detektivs erzählt und die Verbrechensgeschichte in umgekehrter Reihenfolge, also retrospektiv. In diesem Teil wird zuletzt erhellt, was schon vor Beginn der Aufklärungsgeschichte passiert ist, nämlich der Mord.

Der Detektivroman ist also ein hochgradig konstruierter Roman mit strengen Gattungskonventionen, welche sogar von mehreren Autoren in Regeln und Richtlinien festgelegt wurden.[8] Das hinderte allerdings Autorinnen wie Agatha Christie, die sogar selbst Mitglied des „Detection Club" in London war, nicht daran, diese Regeln zu brechen.

In den Fällen, in denen die verwendete Sekundärliteratur von diesem Verständnis des Begriffs abweicht, wird darauf hingewiesen.

Arthur Conan Doyle und Agatha Christie sind die bekanntesten Vertreter solcher Detektivromane. In Deutschland gab und gibt es kein ebenso berühmtes Beispiel. Der hier zum Vergleich angeführte Autor Friedrich Glauser ist Schweizer, seine Romane sind heute nur wenigen Lesern bekannt. Dennoch kann er meines Erachtens als deutschsprachiger Vertreter einem Vergleich mit Agatha Christie standhalten.

---

[4] Vgl. Nusser 2003, S. 6.
[5] Ebd. S. 3.
[6] Lindemann, Uwe: Narrativik des Detektivromans. Zwei Geschehen, zwei Geschichten, ein Text. In: Orbis Litterarum 57 (2002), Heft 1, S. 31-51. S. 33.
[7] Vgl. Lindemann 2002.
[8] Vgl. z.B. Todorov, Tzvetan: Typologie des Kriminalromans. In: Vogt, Jochen (Hrsg.): Der Kriminalroman. Poetik-Theorie-Geschichte. München: Fink 1998. (= UTB für Wissenschaft: Uni-Taschenbücher; 8147; Große Reihe). S. 208-215. S. 213.

2. Die typischen Erzählerfiguren im Detektivroman

2.1. Allgemeines

Bei der folgenden Vorstellung der verschiedenen Erzählerfiguren, die es im Detektivroman geben kann, werde ich mich hauptsächlich auf die Untersuchung *Erzählsituationen und Figurenperspektiven im Detektivroman*[9] von Beatrix Finke stützen. Diese Autorin besitzt allerdings ein etwas anderes Verständnis des Begriffs Detektivroman als in der Einleitung definiert. Sie scheint diesen mit dem Begriff Kriminalroman gleichzusetzen, weshalb einige Erzählperspektiven in ihrer Arbeit auftauchen, die nach meiner Definition in den Bereich des Thrillers gehören. Nicht alle der unten genannten Erzählperspektiven kommen also im klassischen Detektivroman (wie in der Einleitung definiert) vor.

Finke teilt in ihrer Analyse die Erzählperspektiven zunächst in vier Gruppen auf: Die auktoriale Erzählsituation, die neutrale Erzählsituation, die multiperspektivische Erzählsituation und die Ich-Erzähler. Letztere können die Sicht des Detektivs, seines Helfers (der sogenannten Watson-Figur), des Täters oder des Opfers einnehmen. Wie später noch zu zeigen sein wird, ist auch die Überschneidung verschiedener Ich-Erzähler oder das Nebeneinander von Erzählperspektiven möglich.

Finke weist darauf hin, dass die Wahl der Erzählerfigur gerade im Detektivroman eine immense Bedeutung und Tragweite besitzt:

> „Im Unterschied zu allen übrigen Gattungen der narrativen Literatur ist hier die Vermittlungsinstanz bzw. Erzählfigur nicht nur fiktiver Träger der Vermittlung, sondern zugleich auch fiktive Instanz der Mystifikation des Lesers: die Wahl des jeweiligen Perspektiventrägers soll eine Sichtweise des Geschehens und eine Selektion sowie Abfolge der einzelnen vermittelten Informationen plausibilisieren, durch die der Rezipient auf eine falsche Spur geführt und ihm ein in bestimmten Zügen unzutreffendes Bild der fiktiven Wirklichkeit aufoktroyiert wird, ohne daß er davon vorzeitig etwas merkt."[10]

Der Einfluss, welchen der Erzähler auf den Leser ausübt, steuert die Wirkung, die der Text hinterlässt. Besonders im klassischen Detektivroman hängt diese Lenkung sehr davon ab, ob der Leser dem Erzähler Glauben und Vertrauen

---

[9] Finke, Beatrix: Erzählsituationen und Figurenperspektive im Detektivroman. Amsterdam: Grüner 1983. (= Bochumer Anglistische Studien, Band 15).
[10] Ebd. S. 3.

schenken kann oder nicht.[11] Einer der Grundsätze der Detektivliteratur in diesem Zusammenhang lautet: „[E]ine Figur der Erzählung darf die Unwahrheit sagen, der Autor selbst jedoch nicht."[12] Das bedeutet, der Leser muss sich sicher sein können, dass der Autor selbst die Wahrheit kennt und nicht etwas allgemeingültiges als falsch definiert oder umgekehrt. Ob seine Figuren die Unwahrheit sagen, ist davon unabhängig, denn sie können manche Dinge auf ihrer innerfiktionalen Ebene (noch) nicht wissen oder wollen sie aus bestimmten Gründen nicht preisgeben. Beides dient dem Autor zur Verschleierung wichtiger Informationen für den Leser.

Der Erzähler in einem Detektivroman hat nach Michael Dunker viele Möglichkeiten der Verschleierung[13]: Zum Beispiel kann er „dem Leser eine lösungsrelevante Information zwar (...) vermitteln, sie aber gleichzeitig so (...) verbergen, daß er ihre Relevanz nicht erkennt."[14] Dafür sind solche Personen geeignet, die von den innerfiktionalen Figuren – und meist auch vom Leser selbst – nicht ganz ernst genommen werden, weil sie zum Beispiel als verwirrt oder dumm dargestellt werden. Äußerungen dieser Personen werden vom Leser häufig automatisch ignoriert oder für irrelevant erklärt, so dass der Erzähler auf diese Weise wichtige Hinweise geben kann, ohne dass der Leser es bemerkt. Er hält sich so an das fair play[15], da er wichtige Informationen nicht verschweigt, aber der Leser errät trotzdem nicht zu früh die Lösung.

> „Häufig ist es nicht möglich, den Leser so zu beeinflussen, daß er das Vorhandensein einer lösungsrelevanten Information nicht bemerkt. In solchen Fällen ist es notwendig, dem Rezipienten eine falsche Interpretation der betreffenden Information zu suggerieren."[16]

Dies kann ebenfalls mit Hilfe einer als dumm oder verwirrt geltenden Figur geschehen, oder – denn diese Figur nimmt der Leser aufgrund ihrer Position und Charakterisierung meist auch nicht ganz ernst – durch die Watson-Figur. Deren vom Detektiv unreflektierten Äußerungen führen den Leser am

---

[11] Finke 1983, S.42.
[12] Buchloh, Paul G./Becker, Jens P.: Der Detektivroman. Studien zur Geschichte und Form der englischen und amerikanischen Detektivliteratur. Mit Beiträgen von Antje Wulff und Walter T. Rix. 2., überarbeitete und ergänzte Auflage Darmstadt: Wissenschaftliche Buchgesellschaft 1978. S. 87.
[13] Vgl. Dunker, Michael: Beeinflussung und Steuerung des Lesers in der englischsprachigen Detektiv- und Kriminalliteratur. Eine vergleichende Untersuchung zur Beziehung Autor-Text-Leser in Werken von Doyle, Christie und Highsmith. Frankfurt a.M.: Lang 1991. S. 63ff.
[14] Ebd. S. 63.
[15] Zum fair play vgl. auch Nusser 2003, S. 24.
[16] Ebd. S. 68.

häufigsten auf falsche Fährten. Schließlich können noch Negation und Relativierung „bewirken, daß der Leser die innerfiktionale Realität nicht als real betrachtet, weil sie ihm als irreal dargeboten wird. Dies geschieht, indem ein entscheidender Hinweis kurz nach seiner Erwähnung von der gleichen oder einer anderen Person oder vom Erzähler geleugnet oder in Frage gestellt wird."[17]

Finke legt besonderen Wert auf die von ihr so genannten „Unbestimmtheitsstellen". Diese definiert sie als vom Autor bewusst gewählte Leerstellen im Text mittels derer bestimmte „Informationen, die für das Verständnis der Handlung relevant sind"[18] verweigert werden. Dabei unterscheiden sowohl Finke als auch Dunker[19] zwischen markierten und unmarkierten Unbestimmtheitsstellen (auch bestimmte und unbestimmte Leerstellen genannt).

> „Als markierte Unbestimmtheitsstellen gelten solche Textstellen, an denen dem Leser während des Lesevorgangs bewußt ist, daß an der betreffenden Stelle absichtlich wichtige Informationen ausgelassen worden sind."[20]

> „Im Gegensatz zu markierten Unbestimmtheitsstellen liegen unmarkierte Unbestimmtheitsstellen dann vor, wenn der Rezipient das Fehlen eines oder mehrerer relevanter Handlungsteile während des Lesevorgangs gar nicht wahrnimmt und er erst an einem späteren Punkt der Handlung oder in der Aufklärungsszene merkt, daß ihm an der jeweiligen Textstelle etwas Entscheidendes vorenthalten wurde."[21]

Die wichtigste markierte Unbestimmtheitsstelle ist der Mord. Im Detektivroman sind solche Unbestimmtheitsstellen allerdings nur vorläufig, da der Leser am Ende die Lösung präsentiert bekommt und damit auch die bis dahin fehlenden Fakten nachgereicht werden. Finke urteilt, dass „ein Detektivroman ohne unmarkierte Leerstellen (...) nicht denkbar"[22] ist, da diese während des Romans Spannung und am Ende Verblüffung erzeugen.

Eine weitere Möglichkeit der Verschleierung sind die sogenannten Irrfährten („red herrings")[23]. „Im Idealfall sind die Irrfährten so über die Erzählung verteilt, daß fast jede beteiligte Person verdächtig erscheint."[24] „Eine Sonderform der Irrfährte stellen Sekundärhandlungen dar, die in die Erzählung

---

[17] Dunker 1991, S. 74.
[18] Finke 1983, S. 47.
[19] Vgl. Dunker 1991, S. 81ff.
[20] Ebd. S. 81.
[21] Ebd. S. 84.
[22] Finke 1983, S. 86.
[23] Vgl. Nusser 2003, S. 25.
[24] Dunker 1991, S. 91.

eingebaut werden, aber in keinem Zusammenhang mit dem Mordrätsel stehen."[25]

Reine Außendarstellungen der Figuren eignen sich zur Informationsverweigerung am besten, da diese hier am wenigsten auffällt.

Will man nicht – wie Finke und Dunker – von markierten und unmarkierten Unbestimmtheitsstellen sprechen, kann man nach Lindemann einen Detektivroman auch in Aufklärungs- und Verbrechensgeschichte aufteilen. Die Aufklärungsgeschichte beschreibt dabei in chronologischer Reihenfolge die Arbeit des Detektivs und die Verbrechensgeschichte wird von hinten nach vorn aufgerollt und betrifft alles, was zum Mord bzw. dem Rätsel gehört.

„Während eine Aufklärungsgeschichte problemlos auktorial erzählt werden kann, darf die Verbrechensgeschichte niemals auktorial erzählt werden, sofern die Verbrechensgeschichte im Rahmen der Aufklärungsgeschichte von einem Detektiv rekonstruiert wird."[26]

„Häufig weist auch die Watson-Perspektive eine auktoriale (bzw. nullfokalisierte) Erzählsituation auf."[27] Da die Watson-Figur fast immer retrospektiv berichtet, muss sie sich beim Erzählen dümmer stellen. Lindemann unterscheidet deshalb zwischen demjenigen, der spricht bzw. erzählt und demjenigen, der wahrnimmt.[28] Das heißt, der eigentliche Erzähler weiß mehr als er während der Erzählung preisgibt, aber sein wahrnehmendes Ich, über welches er erzählt, weiß manches in diesem Moment noch nicht oder erfährt es erst dann. Das ist sogar bei *The Murder of Roger Ackroyd* so, denn auch der Täter-Erzähler weiß nicht alles, vor allem nicht alles, was der Detektiv weiß.[29]

„Die Erzeugung von Spannung stellt das entscheidende Kriterium der Leserlenkung in der klassischen Detektivliteratur dar."[30]

Die Watson-Perspektive taucht im klassischen Detektivroman am häufigsten auf, daneben existieren noch in weit geringerem Maße die auktoriale, die Opfer- und die Multiperspektive.

2.2. Der auktoriale Erzähler

Der auktoriale Erzähler ist deutlich als erzählende Instanz wahrnehmbar.[31] Er ist keine Figur seines Textes, sondern berichtet von einem übergeordneten

---
[25] Dunker 1991, S. 92.
[26] Lindemann 2002, S. 34.
[27] Ebd. Anmerkung 19.
[28] Ebd. S. 43.
[29] Vgl. Dunker 1991, S. 165.
[30] Ebd. S. 180.

Standpunkt aus das Geschehen. Er kann auch immer wieder hinter den Figuren zurücktreten und verschiedene Perspektiven „einnehmen". Ein auktorialer Erzähler wird sich aber immer zwischendurch wertend und kommentierend einschalten und ist deshalb nicht mit der Multiperspektive gleichzusetzen, wo zwischen verschiedenen personalen Erzählern gewechselt wird, ohne eine solche übergeordnete Instanz.[32]

Im Detektivroman tritt die auktoriale Erzählerfigur immer dann hinter den Figuren zurück, wenn sie nicht zu früh etwas preisgeben will.[33] Dann wird der Leser direkt mit dem Geschehen konfrontiert und verfolgt die Dialoge der handelnden Personen. Der auktoriale Erzähler zeigt sich, wenn es um die Kommentierung und Charakterisierung der Figuren geht.[34] Das gilt vor allem für die Detektivfigur.[35]

Ein auktorialer Erzähler ist ein Erzähler, der Kompetenz und Vertrauen ausstrahlen sollte. Der Leser nimmt ihn als glaubwürdig an. Dazu Finke:

> „Die ‚Zurückhaltung' der auktorialen Instanz, die Thematisierungen und Relativierungen des Erzählten ausschließt, bewirkt, daß der Leser die dargestellten Geschehnisse automatisch – und zu Recht – mit den tatsächlichen Ereignissen der fiktiven Realitätsebene gleichsetzt: das, was im klassischen Detektivroman von der auktorialen Instanz erzählt wird, i s t die fiktive Realität, und es wäre für den Leser weder notwendig noch überhaupt sinnvoll, die Richtigkeit der Darstellung zu hinterfragen."[36]

Deshalb ist es für den Autor wichtig, zu beachten, dass eine Irreführung des Lesers nur in den Reden der Figuren stattfinden darf, da ansonsten die fiktive Realität verletzt würde. Das schließt allerdings auch die Erzählung einer Watson-Figur ein, da diese ebenfalls eine fiktive Figur ist.

2.3. Der neutrale Erzähler

Finke definiert die neutrale Erzählung als „reine Außendarstellung aller Figuren und Vermeidung jeglicher Subjektivierungen im Erzählertext"[37]. Ein Beispieltext dafür ist Dashiell Hammetts *The Maltese Falcon*. Hier tritt keine wertende oder kommentierende Instanz auf, der Erzähler verschwindet quasi hinter den Figuren und berichtet „aus ihnen heraus". So entsteht ein

---

[31] Finke 1983, S. 63.
[32] Vgl. Ebd. Kapitel 8.
[33] Vgl. Ebd. S. 71.
[34] Vgl. Ebd. S. 70.
[35] Zur Charakterisierung eines ‚klassischen' Detektivs vgl. Nusser 2003, S. 38-43.
[36] Finke 1983, S. 73f.
[37] Ebd. S. 309.

vermeintlich objektiver Bericht des Geschehens, der jedoch immer noch insofern subjektiv ist, da der Autor die Dinge aus seiner Sicht beschreibt.

2.4. Die Watson-Figur

„Der Einsatz einer Watson-Figur als Ich-Erzähler ist in der Detektivliteratur nicht nur die älteste, sondern auch die am weitesten verbreitete Standardform der figuralen Monoperspektive."[38]

Sie bekam ihren Namen von Dr. Watson, Assistent von Sherlock Holmes, dem berühmten Detektiv von Arthur Conan Doyle.[39]

Meist erzählt die Watson-Figur allein die ganze Geschichte und damit ist der Leser von Anfang an auf diese eingeschränkte Perspektive festgelegt. Er nimmt alles durch die Augen des Ich-Erzählers wahr und neigt dazu, ihm in allem zuzustimmen, da er ihm normalerweise Sympathie entgegenbringt.[40] Die Watson-Figur ist ein normaler Durchschnittsbürger „ohne außergewöhnliche Charaktereigenschaften"[41], mit dem der Leser sich identifizieren kann. Auch dass er – wie im Falle von Dr. Watson – meist Arzt ist, oder einen anderen soliden Beruf hat, macht ihn glaubwürdig.[42]

„Zugleich untermauert in allen Watson-Texten auch die handlungsinterne Position des Erzählers, seine Stellung eines Helfers ohne Eigeninteressen hinsichtlich des Kriminalfalles, den Eindruck seiner Glaubwürdigkeit als neutraler und damit objektiver Berichterstatter."[43]

Aufgrund der Bewunderung, die der Assistent dem Detektiv entgegenbringt, und seiner leichten zur Schau getragenen Naivität, kann der Leser sich dieser Figur gegenüber meist etwas überlegen fühlen, wenn er schneller als diese etwas durchschaut, denn gegenüber dem Detektiv wird der Leser zwangsläufig stets intellektuell versagen.

Die Erzählerfigur steht hier nicht selbst im Mittelpunkt des Geschehens, sondern ein Detektiv – meist ein Freund des Erzählers. Die Watson-Figur berichtet von dessen Ermittlungen, kommentiert und bewertet sie und teilt dem Leser seine eigenen Schlussfolgerungen und Gedanken mit. Diese Innendarstellungen der Erzähler-Figur dienen zur Verwirrung des Lesers. Diese wird nämlich meist als zu dumm dargestellt, den Fall selbst zu lösen und

---

[38] Finke 1983, S. 109.
[39] Vgl. Dunker 1991, S. 31f.
[40] Vgl. Finke 1983, S. 110 und 117.
[41] Ebd. S. 117.
[42] Vgl. dazu auch Dunker 1991, S. 31.f.
[43] Finke 1983, S. 120.

führt den Leser deshalb mit seinen meist fehlerhaften Vermutungen auf „falsche Fährten" („red herrings')[44]. Ein Ich-Erzähler kann nicht – wie ein auktorialer Erzähler – in das Innere der anderen Figuren sehen und demzufolge die Richtigkeit seiner Annahmen nicht immer überprüfen.

Bedeutend ist auch, wie bereits erwähnt, „die Tatsache, dass der Erzähler sich für seinen Bericht stets gleichsam künstlich in jenen defizitären Informationsstand zurückversetzt, aus dem heraus er als erlebendes Ich das Geschehen verfolgt hat."[45]

2.5. Die Täter-Perspektive

Bei der Täterperspektive gibt es nach Finke zwei verschiedene Varianten, die offene und die verdeckte Täterperspektive. Bei der offenen ist dem Leser von Anfang an bekannt, wer der Täter ist, da der Erzähler sich entweder als dieser vorstellt bzw. zu erkennen gibt oder der Leser kann den Mord selbst direkt mitverfolgen und „mitfiebern", ob der Mörder gefasst wird. Bei der sehr viel seltener auftretenden verdeckten Täterperspektive erfährt der Leser erst ganz am Schluss, wenn dieser entlarvt ist, dass der Erzähler selbst der Täter ist.

Die offene Täterperspektive, welche die reine Verbrechensgeschichte erzählt, widerspricht meiner in der Einleitung gegebenen Definition des Begriffs Detektivroman, denn hier geht es schließlich um das „Whodunit?"[46]. Ich nehme diese Perspektive dennoch mit in meine Analyse auf, da die verdeckte Täterperspektive, zum Beispiel in Verbindung mit der Watson-Perspektive wie bei *The Murder of Roger Ackroyd*, in Einzelfällen im Detektivroman auftritt.

Bei der verdeckten Täter-Perspektive kann der Erzähler die Sympathie des Lesers positiv beeinflussen, obwohl dieser den Täter normalerweise ablehnen müsste. Er baut dabei auf der Tatsache auf, dass der Leser dem Ich-Erzähler per se erst einmal vertraut und glaubt, da er mit der Watson-Figur bisher gute Erfahrungen gemacht hat. Wenn der Detektiv dieser Figur innerhalb des Romans Vertrauen entgegenzubringen scheint, wiegt das den Leser ebenfalls in Sicherheit.

---

[44] Vgl. Finke 1983, S. 124.
[45] Ebd. S. 114.
[46] Vgl. Fußnote 4.

2.6. Die Detektiv-Perspektive

Nach meiner Definition des Begriffs würde diese Perspektive im Detektivroman desgleichen nicht vorkommen, sondern ist dem Thriller bzw. dem hard-boiled-novel vorbehalten (z. B. John Buchan: *Thirty Nine Steps*). Doch da Beatrix Finke diese Perspektive in ihre Schrift aufgenommen hat, soll sie auch hier der Vollständigkeit halber kurz angerissen werden.

Der Detektiv ist in diesem Fall der Held seiner eigenen Geschichte. Der Leser ist sich der Überlegenheit dieses Erzählers bewusst. Er erzählt und schweigt, wie es gerade für die Spannung erforderlich ist. Wenn der Detektiv in die falsche Richtung ermittelt, werden Innendarstellungen von ihm gegeben, ansonsten nicht, um nicht zu früh zuviel zu verraten. Hier können markierte oder unmarkierte Unbestimmtheitsstellen sehr nützlich sein, um die Spannung zu erhalten. Ein fair-play zwischen Leser und Detektiv/Erzähler kann es hier allerdings nicht geben, wenn der Detektiv rückblickend von seinem Abenteuer erzählt. Einem Roman, der diese Perspektive wählt, geht es nicht um Rätselspannung und die Denkarbeit eines überdurchschnittlichen Detektivs, sondern um Abenteuer und aktive Verfolgung des oder der Verbrecher, wie der klassische Thriller es verlangt.

2.7. Die Opfer-Perspektive

Diese Perspektive gibt es eher selten beim klassischen Detektivroman, denn das Opfer spielt hier nur eine untergeordnete Rolle. Es löst meist nur die Verbrechensaufklärung zu Beginn des Romans durch seinen gewaltsamen Tod aus und besitzt ferner kaum ein Profil. Allerdings wird das Mordopfer häufig mit einigen negativen Charakterzügen besetzt, damit viele Verdächtige ein Mordmotiv haben.

Finke meint mit der Opfer-Perspektive die Erzählung eines „potentiellen Opfers", das sich bedroht fühlt und sein Leben in Gefahr sieht. Da es sich in diesem Fall um den Erzähler handelt, ist klar, dass diese Figur nicht sterben wird, also kein Mordopfer im Sinne des Detektivromans darstellen kann. In dieser Perspektive stehen die Empfindungen einer Figur, meist einer Frau als stereotypes schwaches Opfer, im Vordergrund, in Anlehnung an den „gothic novel".[47]

2.8. Die Multiperspektive

Die Multiperspektive bezeichnet den Wechsel zwischen verschiedenen Ich-Erzählern oder unterschiedlichen Erzählsituationen. Ein Beispiel für einen häufigen Wechsel zwischen verschiedenen Perspektiven ist Agatha Christies *Ten little Niggers*. Hier wird zwischen auktorialem und neutralem Erzähler und verschiedenen Ich-Erzählern gewechselt, wobei auch der innere Monolog und die erlebte Rede auftauchen.

Diese Erzählweise bietet dem Leser eine große Interpretationsvielfalt. Er ist nicht an einen einzelnen Ich-Erzähler gebunden, sondern muss sich selbst ein Urteil bilden. Allerdings kann das im Falle des Perspektivenwechsels zwischen verschiedenen Ich-Erzählern dazu führen, dass keiner der angeblichen Verdächtigen dem Leser am Ende noch verdächtig erscheint, da alle „persönlich" um seine Sympathie geworben und ihm ihre Sicht der Dinge geschildert haben.

---

[47] Vgl. Finke 1983, S. 202.

3. Die Erzählerfigur in *The Murder of Roger Ackroyd*

3.1. Die Watson-Figur

In diesem Roman scheint es auf den ersten Blick eine klassische Watson-Figur, wie in Kapitel 2.4. beschrieben, als Erzähler zu geben. Der Ich-Erzähler Dr. James Sheppard erfüllt vermeintlich die Erwartungen, die der Leser an eine klassische Watson-Figur stellt. [48] Er betätigt sich als Assistent und Chronist von Hercule Poirot und dieser akzeptiert ihn auch in dieser Rolle:

> "'You must have indeed been sent from the good God to replace my friend Hastings,' he said with a twinkle."[49]

Sogar Dr. Sheppard selbst bemerkt schließlich, welche Position er dem Detektiv gegenüber eingenommen hat: "I played Watson to his Sherlock."[50]

Ebenso wie der „echte" Watson kann Sheppard nicht immer nachvollziehen, was und wie Poirot ermittelt, obwohl er krampfhaft versucht, dessen Denkweise zu verstehen:

> "I wondered very much what Poirot expected to find out."[51]
> "Call me dense if you like. I didn't see."[52]

Irgendwann wird ihm dann auch klar, dass er Poirot nicht unterschätzen sollte und dass dieser wesentlich mehr ahnt bzw. weiß, als er glaubt:

> "I was at Poirots elbow the whole time. I saw what he saw. I tried my best to read his mind. As I know now, I failed in this latter task."[53]
> "It occurred to me that there was not much which escaped Hercule Poirot."[54]

Obwohl er zu dieser Erkenntnis gelangt ist, verkennt Dr. Sheppard Hercule Poirot dennoch bis zuletzt:

> "But I still believed him to be on entirely the wrong track."[55]

Aus seinen letzten Worten kann man die Enttäuschung herauslesen, welche er empfindet, nachdem er gegen Poirot verloren hat:

> "A strange end to my manuscript. I meant it to be published some day as the history of one of Poirot's failures! Odd, how things pan out."[56]

---

[48] Vgl. Dunker 1991, S. 152.
[49] Christie, Agatha: The Murder of Roger Ackroyd. London: Harper Collins 2002. S. 130. Vgl. auch ebd. S. 150.
[50] Ebd. S. 203f.
[51] Ebd. S. 167.
[52] Ebd. S. 216.
[53] Ebd. S. 203.
[54] Ebd. S. 302.
[55] Ebd. S. 349.
[56] Ebd. S. 365.

Die Tatsache, dass er Arzt ist und Poirot ihn zu seinem Vertrauten macht, lässt Dr. Sheppard dem Leser gegenüber vertrauenerweckend erscheinen. Er vermittelt auch den Eindruck, als besäße er eine gute Menschenkenntnis und könne das Verhalten der Verdächtigen richtig beurteilen:

> "One advantage of being a medical practitioner is that you can usually tell when people are lying to you."[57]

Der geschulte „Krimileser" weiß aus den Regeln des Detektivromans: Der Erzähler darf nie der Mörder sein.[58] Um diesen Eindruck noch zu verstärken schreibt Sheppard immer wieder Phrasen wie "To tell the truth..."[59] oder ähnliches. Er suggeriert dem Leser damit, dass er die reine Wahrheit schreibt.

3.2. Die Watson-Figur als Sonderfall

Die Besonderheit an dieser Watson-Figur ist jedoch, dass sie gleichzeitig der Täter ist. Deshalb erfüllt sie nur scheinbar die Erwartungen des Lesers. Erst im nachhinein wird diesem die Doppelbödigkeit des Erzählers bewusst gemacht und er auf alle Textstellen hingewiesen, an denen der Erzähler absichtlich Leerstellen gelassen hat, die seine Täterschaft betreffen. „Diese Leerstellen umfassen den Mord selbst sowie diejenigen Handlungen des Arztes, mit welchen er seine eigene Spur zu verwischen sucht."[60] Er weist sogar selbst darauf hin, dass er Dinge verschweigt, und begründet dies mit seinem Beruf:

> "As a professional man, I naturally aim at discretion. Therefore I have got into the habit of continually withholding all information possible from my sister."[61]

Dabei kann der Leser ihm noch nicht einmal den Vorwurf der Lüge machen, da der Erzähler zwar einige relevante Dinge auslässt, aber ansonsten alles wiedergibt. Er stellt sich dabei nur so geschickt an, dass der Leser die eigentlich wichtigen Sätze, die Sheppard als Täter entlarven könnten, nicht als solche wahrnimmt.

Einem versierten „Krimileser" müssten diese Stellen allerdings auffallen, da Sheppard häufig scheinbar sinnlose Sätze einbaut, welche direkt auf seine Rolle als Täter hinweisen. Sie sind jedoch so angelegt, dass der Rezipient sie als unwichtig überliest, vor allem in den Szenen, die mit dem Mord in Zusammenhang stehen:

---

[57] Christie 2002, S. 169.
[58] Vgl. Buchloh/Becker 1978, S. 72.
[59] Christie 2002, S. 9, 10, 56 oder 75.
[60] Finke 1983, S. 135.
[61] Christie 2002, S. 10.

> "The letter had been brought in at twenty minutes to nine. It was just on ten minutes to nine when I left him, the letter still unread. I hesitated with my hand on the door handle, looking back and *wondering if there was anything I had left undone* [Hervorhebung von mir, N.H.]. I could think of nothing. With a shake of the head I passed out and closed the door behind me."[62]
>
> "I did what little had to be done."[63]
>
> "Ackroyd was sitting *as I had left him* [Hervorhebung von mir, N.H.]in the arm-chair before the fire."[64]

Dr. Sheppard kann als auktoriale Watson-Figur in Reinform gelten. Das heißt, dieser Erzähler weiß sowohl über die Aufklärungsgeschichte Bescheid als auch über die Verbrechensgeschichte, da er in beides involviert ist.[65]

> „Im Gegensatz zum ‚normalen' Watson-Erzähler bleibt in Roger Ackroyd nicht nur der Wissensstand der e r z ä h l e n d e n , sondern zum Teil – nämlich in allen direkt die Tat betreffenden Einzelheiten – auch der Wissensstand des e r l e b e n d e n Ich ausgeklammert."[66]

Das erzählende Ich ist bei der Watson-Figur immer allwissend, da die Geschichte retrospektiv berichtet wird. In diesem Fall ist aber auch das erlebende Ich nahezu allwissend, da es sämtliche Einzelheiten der Tat kennt und bei den Ermittlungen stets zugegen ist. Nur auf die Gedanken des Detektivs weitet sich diese Allwissenheit nicht aus, deshalb neigt Dr. Sheppard auch dazu, Poirot zu unterschätzen.

Doch gerade durch die Tatsache, dass Sheppard vordergründig die Watson-Figur darstellt, dient er der Autorin als Informationsfilter:

> „Während er [Sheppard] von den Umständen des Mordes und den Ermittlungen Poirots erzählt, verschleiert er zugleich seine Rolle als Mörder."[67]

Christie setzt also die Erzählerfigur hier „zu einer massiven Irreführung des Lesers ein, indem sie die Täterfigur des Romans, den Landarzt Dr. Sheppard, zum Ich-Erzähler und Watson des Protagonisten Hercule Poirot macht."[68] Lindemann sieht darin sogar eine Übererfüllung der Regel, laut derer die unverdächtigste Person das Verbrechen begangen haben soll[69], denn Sheppard scheidet aufgrund des vermuteten Todeszeitpunktes von vorneherein scheinbar

---

[62] Christie 2002, S. 63.
[63] Ebd. S. 71.
[64] Ebd. S. 70.
[65] Vgl. Lindemann 2002.
[66] Finke 1983, S. 134.
[67] Lindemann, Uwe: "Lie or die!". Über Wahrheit und Lüge im Kriminalroman am Beispiel von Agatha Christies The Murder of Roger Ackroyd, Dashiell Hammetts The Maltese Falcon, Alain Robbe-Grillets Les Gommes und Friedrich Dürrenmatts Das Versprechen. In: „Dichter lügen". Hrsg. v. Kurt Röttgers u. Monika Schmitz-Emans. Essen: Die blaue Eule 2001. S. 153-177. (= Philosophisch-literarische Reflexionen, Bd. 3). S. 158.
[68] Finke 1983, S. 133.
[69] Vgl. Lindemann 2001, S. 158.

15

als Verdächtiger aus. Ab da sieht der Leser ihn nur noch als Assistent Poirots, der ihm dessen Ermittlungen berichtet.

> „Dr. Sheppard gibt sich im äußeren Kommunikationssystem erst als Ackroyds Mörder zu erkennen, nachdem er auf der innerfiktionalen Realitätsebene von Poirot entlarvt worden ist."[70]

Erst dann wird dem Leser bewusst, dass Dr. Sheppard genauso ein Verdächtiger war, wie die Bewohner des Hauses, da er ebenfalls dort anwesend war. Den falschen Todeszeitpunkt, der ihn zunächst als Verdächtigen ausschloss, hat er selbst angegeben und er hat auch dafür gesorgt, dass er der erste am Tatort sein würde.

Der Grund dafür, dass er diese Geschichte aufgeschrieben hat, ist eigentlich banal. Er konnte ihn erst am Ende preisgeben, da er sich vorher verraten hätte, aber da war er dann hinfällig:

> "A strange end to my manuscript. I meant it to be published some day as the history of one of Poirots failures! Odd, how things pan out."[71]

Die Aussagen des Erzählers sind teilweise zweideutig. Einerseits werden seine Gedanken und Emotionen, die Tat betreffend, ausgeklammert, andererseits bekommen bestimmte Aussagen eine andere Bedeutung, wenn man weiß, dass er der Mörder ist. Oft sind seine Emotionen nämlich so in den Text eingebaut, dass man als Leser meint, er beunruhige sich über etwas, das er als Außenstehender erfährt, in Wahrheit, bekommt er diesen Schreck aber, weil es ihn als Mörder entlarven könnte: [72]

> "He looked at me very hard – so hard that I felt uncomfortable."[73]

So bekommt der Leser eigentlich häufig Hinweise auf den Täter, aber er ignoriert sie, weil er dem Erzähler vertraut. Den Gattungskonventionen wurde insofern genüge getan als dass kein Täter ex machina präsentiert wurde und der eindeutig Unverdächtigste nachher der Mörder ist. Allerdings wurde gegen eine andere Regel verstoßen, die weit gewichtiger ist: Der Erzähler darf niemals der Täter sein.[74]

---

[70] Finke 1983, S. 133.
[71] Christie 2002, S.365.
[72] Vgl. Ebd. S. 55, 58, 86, 133, 216 oder 263.
[73] Ebd. S. 164.
[74] Vgl. Lindemann 2001, S. 158.

3.3. Die Wirkung dieser Perspektive

Die Endwirkung dieser außergewöhnlichen Art von Erzähler ist sicherlich Verblüffung oder – härter ausgedrückt – das Gefühl von Betrogenheit.[75] Denn erst am Ende, wenn der Täter entlarvt ist, wird sich der Leser seiner extremen Lenkung durch den Erzähler bewusst. Er mag sich dann zwar ärgern über diese „Regelverletzung" eines Krimis, aber er kann dem Erzähler auch keine direkte Lüge oder Unwahrheit vorwerfen.

Bereits am Anfang wird ein Spannungsbogen aufgebaut durch den Beginn in medias res und die Anspielungen, die der hier noch unbekannte Erzähler macht:

> "To tell the truth, I was considerably upset and worried. I am not going to pretend that at that moment I foresaw the events of the next few weeks. I emphatically did not so. But my instinct told me that there were stirring times ahead."[76]

Der Leser fragt sich hier, was der Erzähler damit meint und ist gespannt, was noch passiert. Im nachhinein betrachtet beweist diese Aussage der ersten Seiten schon, dass Dr. Sheppard von Anfang an mehr weiß, als er preisgibt. Denn diese Stelle bezieht sich offensichtlich auf seine Rolle als Erpresser von Mrs. Ferrars und dass er schon ahnt, dass er Maßnahmen treffen muss, um sich zu schützen. Bei der folgenden Stelle könnte man vielleicht sogar behaupten, dass er hier diese Maßnahmen ankündigt bzw. verrät, zu welchem Zeitpunkt er den Mordplan gefasst hat:

> "I think I can safely say that it was at this moment that a foreboding of the future first swept over me. Nothing tangible as yet – but a vague premonition of the way things were setting. That earnest *tête-a-tête* between Ralph Paton and Mrs Ferrars the day before struck me disagreeably."[77]

Ein Ich-Erzähler, welcher der Assistent des Detektivs zu sein scheint, kann sich normalerweise des Vertrauens der Leser sicher sein, da in der Geschichte des Detektivromans die Watson-Figur immer eine Vertrauensperson war, die innerhalb ihres eigenen Wahrnehmungshorizontes die Wahrheit erzählte. Diese oft leicht naiv erscheinende Figur, welche immer als Vermittler zwischen Detektiv und Leser fungiert, wird von der Autorin hier für eine ganz besondere Art von Verblüffungseffekt missbraucht. Lindemann fragt zu Recht: „Wie

---

[75] Vgl. auch Lindemann 2001, S. 159.
[76] Christie 2002, S. 9.
[77] Ebd. S. 22.

authentisch, wie wahr, wie glaubwürdig kann ein Detektivroman sein, dessen fiktiver Verfasser der Mörder ist?"[78]

Patrick Bühler allerdings bezeichnet *The Murder of Roger Ackroyd* als Anleitung für das fair play zwischen Leser und Detektiv. Denn es wird nichts verschwiegen, geschweige denn gelogen, sondern nur vom Leser unbemerkt oder ignoriert Lücken gelassen.[79] Bei einigen wenigen Stellen könnte man aber zweifeln, ob sie eventuell doch als Lügen auslegbar sind:

> "I explained that I expected a summons to a confinement case at any moment, and so had come out prepared for an emergency call."[80]

Als Arzt ist so etwas für ihn völlig normal und man kann ihm nicht das Gegenteil beweisen. Andererseits hat er seine Tasche höchstwahrscheinlich nur deshalb bei sich, weil das Diktiergerät darin ist und er sich für den Mord an Roger Ackroyd vorbereitet hat. Da er das natürlich nicht sagen kann, benutzt er die angeführte Ausrede. An anderer Stelle behauptet er, nichts zu wissen[81], was in Anbetracht der Tatsache, dass er der Täter ist, relativ unwahrscheinlich und demzufolge gelogen ist.

Oftmals hat der Leser bei einem Ich-Erzähler das Gefühl, selbst das Ich zu sein. Er denkt ähnlich wie der Erzähler, weil er sich von diesem steuern lässt, er zieht seine eigenen Schlüsse, die ihm der Erzähler suggeriert und zu denen er ihn auffordert. Die Bindung des Lesers an den Erzähler ist bei einer solchen Erzählperspektive also sehr eng. Aus diesem Grund trifft es den Leser wahrscheinlich noch härter, wenn er am Ende erfährt, dass „sein" Ich der Mörder ist, denn er selbst will schließlich kein Mörder sein.

Gleichzeitig empfindet man so etwas wie eine gewisse Bewunderung für den Täter im Hinblick auf Ausführung und Systematik seines Handelns. Vor allem angesichts der Tatsache, dass es ihm gelungen ist, einen Hercule Poirot relativ lange hinters Licht zu führen. Dieses Gefühl der Bewunderung, dass der Leser gleichwohl kognitiv ablehnt bzw. ablehnen muss, verstärkt natürlich das entstandene Unbehagen.

---

[78] Lindemann 2001, S. 159.
[79] Vgl. Bühler, Patrick: Die Leiche in der Bibliothek. Friedrich Glauser und der Detektivroman. Heidelberg: Winter 2002. (= Probleme der Dichtung. Studien zur deutschen Literaturgeschichte, Band 31). S. 48.
[80] Christie 2002, S. 45f.
[81] Ebd. S. 243.

4. Die Erzählerfigur in *Wachtmeister Studer*

4.1. Der auktoriale Er-Erzähler

In Friedrich Glausers Roman gibt es keine typische Erzählerfigur wie in den klassischen Detektivromanen. Hier dominiert zwar ein auktorialer Er-Erzähler, aber daneben treten verschiedene andere Erzählweisen auf: Es gibt direkte und indirekte Rede, Gedankenströme und erlebte Rede – vor allem des Protagonisten Wachtmeister Studer aber auch vereinzelt verschiedener anderer Figuren – und die Kommentare und Wertungen des Erzählers selbst. Manchmal hat man sogar den Eindruck, der Erzähler kommuniziert direkt mit dem Leser:

> „In den dicken Siegelring war ein Wappen eingraviert – der Ring schien übrigens alt."[82]

Da die Gedanken Studers vorherrschend sind, wirkt der Roman wie aus der Sicht des Wachtmeisters geschildert, mit der Besonderheit, dass Studer von sich selbst nicht als „ich" spricht, sondern in seinen Gedanken stets „man" sagt und seine Aktivitäten in Er-Form widergegeben werden:

> „Aber natürlich: da kam man ins Café zum Billard spielen, und ausgerechnet mußte dieser Ellenberger auch hier hocken und laut über die Affäre Witschi reden. Dann war es natürlich mit der Ruhe vorbei...
> Der Rücken des Ermordeten auf der Photographie... Der Rücken, auf dem *keine* Tannennadeln hafteten... Die Wunde am Hinterkopf... Die kuriosen Vornamen der Familienmitglieder... Wendelin hieß der Vater, die Tochter Sonja, der Sohn Armin. Vielleicht hieß die Mutter Anastasia? ... Warum nicht?"[83]
>
> „Es war nie gut, sich auf einen Fall zu stürzen, wie eine hungrige Sau aufs Fressen. Und man konnte mit dem heutigen Tag zufrieden sein. (...)"[84]

Oftmals gehen in diesem Roman auch die Gedanken des Detektivs und die Kommentare des Erzählers so ineinander über, dass sich gar nicht so leicht unterscheiden lässt, welche Sätze wem zuzuordnen sind:

> „Der Aeschbacher hatte merkwürdige Augen, sehr, sehr merkwürdige Augen. Verschlagen, gescheit... ."[85]
>
> „Studer zeichnete Männlein in sein Notizbuch. Er war plötzlich weit weg."[86]
>
> „Es war ihm nicht recht wohl, dem Wachtmeister Studer... es war im Anfang zu gut gegangen – und sonderbarer Weise bedrückte ihn am meisten der Traum der vergangenen Nacht."[87]

---

[82] Glauser, Friedrich: Wachtmeister Studer. In: Glauser, Friedrich: Die Wachtmeister Studer Romane. Zürich: Arche Verlag o.J. [1989]. S. 9-183. S. 21.
[83] Ebd. S. 33.
[84] Ebd. S. 54f.
[85] Ebd. S. 85.
[86] Ebd. S. 21.
[87] Ebd. S. 95.

Aber es gibt auch einige wenige Stellen, wo der Erzähler unabhängig von Studer beurteilt oder erzählt. Dabei ist er oft schonungslos ehrlich und negativ in seinen Bewertungen:

> „Der Wachtmeister stand steif da. Sein bleiches Gesicht mit der merkwürdig schmalen Nase paßte nicht so recht zu dem ein wenig verfetteten Körper."[88]
> „Der Wachtmeister war allein. Er sah müde aus."[89]

Immer wieder tauchen auch Kommentare des Erzählers auf, die dem Leser die Atmosphäre der Situation vermitteln und Spannung erzeugen sollen:

> „Und gerade in diesem Augenblick hörte er zum ersten Male die dröhnende Stimme, die er noch oft hören sollte."[90]
> „Er drang tiefer in den Wald ein. Und der Wald war sehr still... Wie weit war der Wachtmeister gegangen?"[91]
> „Aber das konnte Studer natürlich nicht wissen... ."[92]

Aber auch die Gedanken des Detektivs dienen zur Erzeugung von Spannung, wenn er sich zum Beispiel selbst Fragen stellt und diese unbeantwortet lässt:

> „Im oberen Stockwerk liefen Schritte auf und ab. Was machte Sonja dort oben, warum ließ sie ihn allein in der Wohnung?"[93]
> „Aber was bezweckte der Ellenberger heute? Warum gab er sich so anders? Studer schüttelte unmerklich den Kopf. Ihm schien es, als sei auch das heutige Gesicht des alten Ellenbergers noch nicht das echte. Oder hatte der Mann gar kein wirkliches Gesicht? War er etwas wie ein verfehlter Hochstapler? Man wurde aus ihm nicht klug."[94]

Durch den Wechsel zwischen direkter und indirekter Rede während eines Dialogs wird der Eindruck von Unwichtigkeit bzw. Sinnlosigkeit der jeweiligen Aussagen erweckt. Vielleicht will der Erzähler damit aber auch die Oberflächlichkeit der Gerzensteiner Gesellschaft darstellen:

> „Studer setzte sich an des alten Ellenbergers Tisch. Begrüßung... – Wie geht's... – Schönes Wetter... Dann fragte der Ellenberger: ‚Sind die Äpfel schon reif, Wachtmeister?' und grinste mit seinem zahnlosen Mund."[95]

Indem der Erzähler auch die Gedanken einiger anderer – nicht aber aller – Figuren mitteilt[96], gibt es keine ‚natürliche' Einschränkung der Innensicht der Personen, wie das bei einem Ich-Erzähler der Fall wäre. Allerdings verweigert der Erzähler dem Leser jegliche Einsicht in die Gedanken der Gerzensteiner,

---

[88] Glauser S. 15. Vgl. auch S. 153.
[89] Ebd. S. 121.
[90] Ebd. S. 31.
[91] Ebd. S. 56.
[92] Ebd. S. 82.
[93] Ebd. S. 68.
[94] Ebd. S. 93. Vgl. auch S. 84f.
[95] Ebd. S. 92. Vgl. auch S. 60.
[96] Vgl. Ebd. S. 82.

also der Verdächtigen, so dass die Innensicht sehr wohl eine eingeschränkte und vom Erzähler gesteuerte ist.

Als außerhalb des Geschehens Stehender ist solch ein Erzähler für den Leser schwer zu fassen und er muss sich seine Glaubwürdigkeit erst durch nachvollziehbar richtige Äußerungen verdienen, zum Beispiel durch einfache Beschreibungen:

> „Aber im Schuppen war es nicht einmal so dunkel. Einige Dachziegel fehlten. Das spärliche Licht, das durch die Löcher drang, vermischte sich mit der Finsternis zu einer grauen Dämmerung..."[97]

Der allwissende Erzähler verliert allerdings etwas von dieser Glaubwürdigkeit wieder, wenn man sich bewusst macht, dass er ja auch den Täter kennen müsste. Das verschweigt er aber.[98] Der Leser erfährt nur und zum gleichen Zeitpunkt das, was sich Wachtmeister Studer überlegt oder herausfindet. Dass der Erzähler doch mehr wissen könnte, als er preisgibt, fällt an folgenden Textstellen auf:

> „Aeschbacher schnaufte. Den Mann mußte viel bedrücken."[99]
>
> „Aeschbacher sog hocherfreut an seinem Stumpen. Seine kleinen Äuglein glänzten boshaft, schadenfroh."[100]
>
> „War es nicht merkwürdig, daß Aeschbacher Gedanken lesen konnte?"[101]

4.2. Die Wirkung dieser Perspektive

Als Leser hat man in einer solchen Darstellung häufig das Gefühl, selbst am Geschehen teilzunehmen, da es in der direkten Rede keine Vermittlerinstanz mehr zu geben scheint. Der Leser ist dann ein Beobachter dieser Szenen, der aber selbst nicht eingreifen kann. Glausers Art zu erzählen kann man auch als filmisch bezeichnen: Berichte in Zeitlupe und die Aneinanderreihung von Bildern wechseln sich mit der direkten Rede ab, so dass man den Eindruck bekommt, man erlebt den Szenenwechsel in einem Film mit.[102] Vor allem der Beginn in medias res und das offen gelassene Ende betonen den Filmcharakter. Die zusätzlich gegebenen Gedanken der Hauptperson vervollständigen dieses Gefühl des involviert seins:

---

[97] Glauser S. 105.
[98] Vgl. Zimmermann 1978, S. 339.
[99] Glauser S. 165.
[100] Ebd. S. 172.
[101] Ebd. S. 171.
[102] Vgl. Ruoss, Erhard: Friedrich Glauser. Erzählen als Selbstbegegnung und Wahrheitssuche. Bern/Frankfurt a. M.: Peter Lang 1979. (= Europäische Hochschulschriften: Reihe 1, Deutsche. Sprache und Literatur, Band. 290). S. 130-133.

> „Studer war nicht mehr müde. Es kam ihm vor, als stehe er wieder mitten in den Ereignissen. Er war nicht mehr ausgeschaltet. Vor allem: es schien etwas vorzugehen, Ereignisse waren zu erwarten, Studer fühlte es in allen Gliedern. Er blieb ruhig. Zuerst aus diesem badschwammblonden Menschen, diesem Lehrer, alles herausholen, was es herauszuholen gab, und dann... ."[103]

Durch diese Erzählweise wird auch die Spannung erzeugt. Wie im obigen Beispiel zu sehen, setzt Glausers Erzähler immer wieder Auslassungszeichen, die den Leser im Ungewissen lassen und ihm Raum für eigene Gedanken und Rückschlüsse geben.

Trotz der scheinbaren Teilnahme am Geschehen, hat der Leser noch eine gewisse Distanz zu den Figuren, weil nicht von diesen selbst um seine Sympathie geworben wird. Sie werden nur durch die Beschreibungen des Erzählers und ihre Aussagen in wörtlicher Rede charakterisiert. Sie „sprechen" nicht direkt mit dem Leser, wie es ein Ich-Erzähler häufig tut. Andererseits versucht der Erzähler durch Wertung und Kommentierung auch der Figuren, den Leser in eine bestimmte Richtung zu lenken. Tatsächlich scheint bei Glauser, vielleicht aufgrund seiner eigenen Lebensgeschichte[104], stets die Aussage zu sein, dass Sträflinge per se sympathisch und immer unschuldig sind. Glauser besetzt dafür seinen Täter immer von Anfang an mit negativen Attributen, so dass es den Leser am Ende nicht verwundert, dass ausgerechnet diese Figur der Täter ist, obwohl es meist außer den Visionen und Eingebungen des Wachtmeisters keinen echten Hinweis auf diesen gibt.[105]

Der Erzähler zieht sich in Glausers Romanen aber ebenso häufig bewusst hinter die Figuren zurück wie er an anderer Stelle wertet, um dem Leser die Entscheidung zu überlassen:[106]

> „Es war eine Spannung da, die nicht nur von der Verlegenheit (oder war es Angst?) der kleinen Sonja Witschi erzeugt wurde – nein, Studer schien es, als habe sich auch die Haltung Frau Hofmanns verändert."[107]

---

[103] Glauser S. 117.
[104] Friedrich Glauser war während seines ganzen Lebens immer wieder in verschiedenen Irrenanstalten und Gefängnissen inhaftiert, weil er morphiumsüchtig war und deshalb oft Rezepte fälschte und stahl.
[105] Vgl. Glauser S. 110 u. 89f.
[106] Vgl. Nusser S. 32 und Alewyn, Richard: Anatomie des Detektivromans. In: Vogt, Jochen (Hrsg.): Der Kriminalroman. Poetik-Theorie-Geschichte. München: Fink 1998. (= UTB für Wissenschaft: Uni-Taschenbücher; 8147; Große Reihe). S. 52-72. S. 58.
[107] Glauser S. 63f.

Er schlägt hier zwar eine mögliche Interpretation der Szene vor, aber er legt sich selbst scheinbar nicht fest, welche er davon wählt oder ob überhaupt eine davon zutrifft.

Eine Besonderheit in den Detektivromanen Glausers ist die Tatsache, dass er die Psyche des Täters berücksichtigt.[108] Hier gibt es nicht den eher zufällig gewählten Täter, der den Mord aus den stereotypen Motiven Eifersucht, Geldgier oder Macht begangen hat, sondern sämtliche Verdächtigen haben eine seelische Verbindung zum Opfer und ein an der Person nachvollziehbares Motiv. Den Gattungskonventionen entsprechend ist dann aber doch der Unverdächtigste der Täter.

> „Es liegt nun der Schluß nahe, ‚Wachtmeister Studer' als ‚Whodunit' zu kategorisieren, zumal die Handlung mit Indizien und auch den gattungstraditionell üblichen Finten (‚clues und red herrings') gespickt ist; sie sollen den Schwierigkeitsgrad des Rätsels erhöhen und das Rätsel akzentuieren."[109]

Friedrich Glauser lässt es sich nicht nehmen, einen kleinen Seitenhieb auf Gattung Kriminalroman einzubauen. Er legt dem Ellenberger folgende Aussage in den Mund:

> „Dank euch, Wachtmeister, Ihr seid ja ein richtiger ‚Deus ex machina'."[110]

Auch wenn Friedrich Glauser durch das Bewerten der Psyche seiner Charaktere und das Einbauen seiner eigenen Erfahrungen als Kriminalromanautor etwas heraussticht, greift er dennoch genug Stilmittel auf, die ihn zu Recht diesem Genre zuordnen lassen.

> „Zusammenfassend lässt sich folgendes Urteil über Glausers Kriminalroman abgeben: Who done it and why? – so lautet die erzähltechnische Fragestellung in ‚Wachtmeister Studer'."[111]

---

[108] Vgl. Tschimmel, Ira: Friedrich Glausers Kriminalroman: Plagiat, Konvention oder Innovation? In: Sherlock Holmes auf der Hintertreppe. Aufsätze zur Kriminalliteratur. Hrsg. v. Armin Arnold. Bonn: Grundmann 1981. S. 119-127. (= Studien zur Germanistik, Anglistik und Komparatistik, Band 106). S. 121.
[109] Ebd.
[110] Glauser S. 58.
[111] Tschimmel 1981, S. 125.

5. Der Vergleich der Erzählerfiguren

5.1. Ich- und Er-Erzähler

In den zwei vorangegangenen Kapiteln wurden ausführlich die beiden Erzählerfiguren der zu untersuchenden Romane vorgestellt und analysiert. Da sie sehr unterschiedlich sind, stellt sich nun die Frage: Lassen sich diese zwei Typen von Erzählerfiguren überhaupt vergleichen? Im folgenden gilt es, herauszufinden, welche Gemeinsamkeiten sich zwischen solchen Erzählerfiguren finden lassen, und wo die markantesten Differenzen liegen.

Der auffälligste Unterschied zwischen den beiden untersuchten Erzählerfiguren besteht darin, dass der eine in der Ich-Form aus der Geschichte heraus erzählt und damit nur seine eigene Innenwelt neben dem objektiven Äußeren darstellen kann und der andere ein außenstehender, scheinbar allwissender Erzähler ist, der in der Er-Form berichtet. Da aber der Ich-Erzähler bei Christie selbst der Mörder ist und außerdem das Geschehen rückwirkend erzählt, ist er bis zu einem gewissen Grad genauso allwissend wie der Erzähler bei Glauser: Beide wissen, wer der Mörder ist. Hier besteht der Unterschied im Wissensstand lediglich darin, dass ein auktorialer Erzähler die Gedanken aller Figuren lesen könnte, dem personalen Erzähler jedoch nur seine eigene Gedankenwelt zur Verfügung steht und natürlich seine Menschenkenntnis. Bei beiden stellt sich die Frage, warum sie ihr Wissen nicht preisgeben. Beim Täter-Watson kann man diese Frage klar beantworten, denn schließlich will er sich nicht selbst entlarven. Bei Glausers Erzähler kann man davon ausgehen, dass es um Spannungserzeugung geht, da es sich um einen „Krimi" handelt. Scheinbar aus der Sicht des Detektivs erzählt, soll der Leser immer nur das erfahren, was Wachtmeister Studer erfährt.

Beide Erzählerfiguren beginnen ihren Bericht in medias res, Glausers Roman endet sogar ebenso. Der Zweck, den sie damit verfolgen ist allerdings verschieden: Dr. Sheppard kann als Mörder schlecht am Anfang zugeben, warum er diesen Bericht verfasst, den wahren Grund verrät er also erst, als er entlarvt ist. Der Erzähler bei Glauser will damit ebenso den Eindruck des filmischen Erzählens vermitteln wie bei den szenischen Darstellungen.

Dadurch, dass die Aufklärungsgeschichte vorherrschend ist, können beide Romane als klassischer „Whodunit" bezeichnet werden.

5.2. Die Wirkung der unterschiedlichen Erzählperspektiven

Beide Erzählerfiguren erzeugen eine bestimmte Erwartungshaltung beim Leser. Die Watson-Figur löst bei versierten „Krimi-Lesern" normalerweise ein Gefühl von Vertrauen aus, da in der Geschichte des Detektivromans diese Figur stets die Wahrheit spricht, soweit sie dies in ihrem Wissensstand vermag. Falls sie einmal nicht die Wahrheit sagt, so geschieht dies aus Unkenntnis und nicht in böser Absicht. Das wird natürlich von den Autoren ausgenutzt, um falsche Fährten zu legen und den Leser zu verwirren.

Die hier vorgestellte spezielle Watson-Täter-Figur in *The Murder of Roger Ackroyd* zerstört in voller Absicht dieses Vertrauen. Sie spielt mit den aufgestellten Regeln des Detektivromans und nutzt sie für einen Überraschungseffekt aus.

Ein auktorialer Erzähler kann ebenfalls vertrauenerweckend auftreten, wenn er – für den Leser nachweisbar – die Wahrheit spricht. Allerdings ist er für den Rezipienten nicht als Figur in der Fiktion fassbar und somit gestaltlos. Der Leser neigt dazu, den Autor für dessen Aussagen verantwortlich zu machen, obwohl die Meinung des Erzählers nicht mit der des Autors konform gehen muss.

Die beiden verschiedenen Erzähler dienen zu unterschiedlicher Spannungserzeugung. Bei *The Murder of Roger Ackroyd* geschieht dies durch die Rätselspannung und bei *Wachtmeister Studer* durch die Darstellung der Atmosphäre in Gerzenstein.

Schließlich könnte man sich noch fragen, ob diese Erzähler ihre Aufgabe gut und den Erwartungen entsprechend erfüllen: Dr. Sheppard ist ein brillanter Erzähler, denn er schafft es, ohne zu lügen, die ganze Aufklärungsgeschichte zu erzählen, ohne sich zu verraten. Er selbst weist am Ende des Romans auf diese Tatsache hin:

> "I am rather pleased with myself as a writer. What could be neater, for instance, than the following:
> *'The letters were brought in at twenty minutes to nine. It was just on ten minutes to nine when I left him, the letter still unread. I hesitated with my hand on the door handle, looking back and wondering if there was anything I had left undone.'*

> All true, you see. But suppose I had put a row of stars after the first sentence! Would somebody then have wondered what exactly happened in that blank ten minutes?"[112]

Aber auch, wenn er seine Rolle als Watson perfekt gespielt hat, er missbraucht sie, um von sich selbst als Mörder abzulenken. Insofern erfüllt er die an ihn gestellten Erwartungen nicht.

Die auktoriale Erzähler-Figur, die sich an Wachtmeister Studer kettet und dessen Gedanken preisgibt, ist ebenfalls ein guter Erzähler, welcher gut Spannung erzeugen kann und filmische Szenen einbaut. Allerdings können sich die Erwartungen an ihn ebenfalls nicht erfüllen, da er als auktorialer Erzähler wissen muss, wer der Mörder ist. Der Leser erfährt das meiste nur durch Studer, der natürlich nicht alles weiß, aber der Erzähler hält sich nicht konsequent an diese Erzählweise, sondern kommentiert und wertet auch unabhängig vom Detektiv. Also weiß er von Anfang an mehr als Studer und vor allem mehr, als er preisgibt.

Dazu ist allerdings daran zu erinnern, dass es sich in beiden Fällen um einen *Detektivroman* handelt. In dieser Untergattung des Kriminalromans geht es um die Frage, wer es getan hat („Whodunit") und die Spannung des ganzen Buches dreht sich allein darum. Ist es also nicht gerade die Aufgabe des Erzählers, den Leser auf falsche Fährten zu führen, um ihm das Erraten der Täterfigur zu erschweren, weil das genau der Grund ist, warum dieser einen „Krimi" liest? Deshalb kann man dem Erzähler nicht vorwerfen, dass er einen Teil seines „Allwissens" nicht preisgegeben hat, denn sonst wäre das Lesen eines Kriminal- bzw. Detektivromans überflüssig.[113]

> „Die Handlung eines Kriminalromans läßt sich in anderthalb Seiten gut und gerne erzählen. Der Rest – die übrigen hundertachtundneunzig Schreibmaschinenseiten – sind Füllsel. Es kommt darauf an, was man mit diesem Füllsel anstellt."[114]

Unter diesem Aspekt könnte man sogar dazu übergehen, zu sagen, diese beiden Erzählerfiguren werden ihrer Rolle sehr wohl gerecht und gewähren dem Leser eine spannende Unterhaltung. Der versierte „Krimileser", der jetzt einmal weiß, dass er manchmal noch nicht einmal dem Erzähler vertrauen kann, wird beim nächsten Roman aufmerksamer sein und keinen Verdächtigen von vorneherein ausschließen. Trotzdem schaffen es die Erzähler immer wieder,

---

[112] Christie 2002, S. 366f.
[113] Vgl. dazu Alewyn, In: Vogt 1998, S. 59.
[114] Friedrich Glauser, In: Zimmermann 1978, S. 337.

dass der Leser dem richtigen Täter nicht auf die Schliche kommt und das macht die Erzählerfiguren dieses Genres zu etwas besonderem.

Um die Eingangsfrage von Kapitel 5 zu beantworten, lässt sich folgendes sagen: Es sollte in dieser Arbeit darum gehen, zwei verschiedene Erzählerfiguren aus dem Detektivroman zu analysieren und ihre Aufgaben zu vergleichen. Es hat sich herausgestellt, dass beide zusammen ein gutes Bild darüber geben, wie wichtig die Erschaffung eines guten Erzählers in einem Detektivroman ist und dass beide dafür geeignet sind. Deshalb kann man sagen, dass ein Vergleich zweier solch unterschiedlicher Erzähler durchaus sinnvoll war.

6. Fazit

In der vorliegenden Arbeit wurde eine „Randgattung" der Literaturwissenschaft untersucht. Als Beispiele standen zwei Romane, die jeder für sich einen Sonderstatus einnehmen. Der eine ist einer der wenigen Detektivromane, in denen der Erzähler gleichzeitig der Täter ist, und der andere gehört zu den wenigen deutschsprachigen Detektivromanen und ist heutzutage außerdem ziemlich unbekannt.

Das Ergebnis, welches ich jetzt aus dieser Untersuchung ziehe, ist zum großen Teil schon am Ende des Vergleichs angeklungen: Es hat sich herausgestellt, dass die gewählten Romane trotz oder vielleicht gerade wegen ihrer Sonderstellung ein gutes Beispiel für die Wichtigkeit der Erzählerfigur im Detektivroman sind. Beide zeigen, mit welchen Finessen der Leser in die Irre geführt und trotzdem mit allen relevanten Informationen versorgt werden kann. Das trifft natürlich auf *The Murder of Roger Ackroyd* noch in weit größerem Maße zu als auf *Wachtmeister Studer*. Die Erzählerfigur ist also ein wichtiges Mittel, die guten Detektivromane von den schlechten zu unterscheiden. Jeder Erzähler, der zu früh etwas preisgibt, oder wichtige Fakten verschweigt, verleidet dem Leser das Vergnügen und die Lust am Lesen eines „Krimis".

Außerdem sollte diese Arbeit einen Beitrag dazu leisten, dass die Gattung Kriminalroman eine größere wissenschaftliche Beachtung findet und aus der Ecke des Trivialen herausgeholt wird. Nicht alles, was den Geschmack der Massen trifft, muss deshalb per se literaturwissenschaftlich wertlos sein. Das kann man am Beispiel dieser beiden doch schon recht alten Bücher gut erkennen. Und die Lust des Lesers an spannender, gut geschriebener Unterhaltung ist bis heute erhalten geblieben – allen schnelllebigen Medien zum Trotz. Daher kann und sollte am Kriminalroman noch viel erforscht werden.

7. Literaturverzeichnis

Primärliteratur:

Christie, Agatha: The Murder of Roger Ackroyd. London: Harper Collins 2002.

Glauser, Friedrich: Wachtmeister Studer. In: Glauser, Friedrich: Die Wachtmeister Studer Romane. Zürich: Arche Verlag o.J. [1989]. S. 9-184.

Sekundärliteratur:

Buchloh, Paul G./Becker, Jens P.: Der Detektivroman. Studien zur Geschichte und Form der englischen und amerikanischen Detektivliteratur. Mit Beiträgen von Antje Wulff und Walter T. Rix. 2., überarbeitete und ergänzte Auflage Darmstadt: Wissenschaftliche Buchgesellschaft 1978.

Bühler, Patrick: Die Leiche in der Bibliothek. Friedrich Glauser und der Detektivroman. Heidelberg: Winter 2002. (= Probleme der Dichtung. Studien zur deutschen Literaturgeschichte, Band 31).

Dunker, Michael: Beeinflussung und Steuerung des Lesers in der englischsprachigen Detektiv- und Kriminalliteratur. Eine vergleichende Untersuchung zur Beziehung Autor-Text-Leser in Werken von Doyle, Christie und Highsmith. Frankfurt a.M.: Lang 1991.

Finke, Beatrix: Erzählsituationen und Figurenperspektive im Detektivroman. Amsterdam: Grüner 1983. (= Bochumer Anglistische Studien, Band 15).

Lindemann, Uwe: Narrativik des Detektivromans. Zwei Geschehen, zwei Geschichten, ein Text. In: Orbis Litterarum 57 (2002), Heft 1, S. 31-51.

Lindemann, Uwe: "Lie or die!". Über Wahrheit und Lüge im Kriminalroman am Beispiel von Agatha Christies *The Murder of Roger Ackroyd*, Dashiell Hammetts *The Maltese Falcon*, Alain Robbe-Grillets *Les Gommes* und Friedrich Dürrenmatts *Das Versprechen*. In: „Dichter lügen". Hrsg. v. Kurt Röttgers u. Monika Schmitz-Emans. Essen: Die blaue Eule 2001. S. 153-177. (= Philosophisch-literarische Reflexionen, Bd. 3).

Nusser, Peter: Der Kriminalroman. 3., aktualisierte und erweiterte Auflage Stuttgart/Weimar: Metzler 2003. (= Sammlung Metzler 191).

Ruoss, Erhard: Friedrich Glauser. Erzählen als Selbstbegegnung und Wahrheitssuche. Bern/Frankfurt a. M.: Peter Lang 1979. (= Europäische Hochschulschriften: Reihe 1, Deutsche. Sprache und Literatur, Band. 290).

Tschimmel, Ira: Friedrich Glausers Kriminalroman: Plagiat, Konvention oder Innovation? In: Sherlock Holmes auf der Hintertreppe. Aufsätze zur Kriminalliteratur. Hrsg. v. Armin Arnold. Bonn: Grundmann 1981. S. 119-127. (= Studien zur Germanistik, Anglistik und Komparatistik, Band 106).

Zimmermann, Hans Dieter: Die schwierige Kunst des Kriminalromans. Zum Werk des Schweizers Friedrich Glauser. In: Germanisch Romanische Monatsschrift Neue Folge Band 28 (1978). S. 337-347.

Vogt, Jochen (Hrsg.): Der Kriminalroman. Poetik-Theorie-Geschichte. München: Fink 1998. (= UTB für Wissenschaft: Uni-Taschenbücher; 8147; Große Reihe).